DU

TRAVAIL DES ENFANTS

DANS

LES LYCÉES ET LES COLLÉGES

PAR

JOSEPH DE CALLIAS

Entre les arts libéraux, commençons par
l'art qui nous fait libres.
(MONTAIGNE, *de l'Institution des Enfants.*)

Prix : 1 franc

PARIS

IMPRIMERIE BALITOUT, QUESTROY ET Cᵉ

7, RUE BAILLIF ET RUE DE VALOIS, 18

1868

DU

TRAVAIL DES ENFANTS

DANS LES

LYCÉES ET LES COLLÉGES

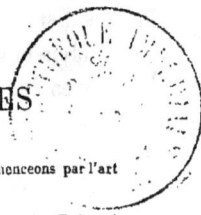

> Entre les Arts libéraux, commenceons par l'art
> qui nous fait libres.
>
> (MONTAIGNE.— *De l'Institution des Enfants.*)

I

Quand un bon constructeur veut assurer une marche puissante et régulière à une machine, il apporte tous ses soins, non-seulement à la production et à la tension de la vapeur, mais encore à la résistance du corps qui la renferme, à la solidité et au jeu des diverses pièces du mécanisme, sans lesquelles cette force énergique ne peut exercer aucun effet utile. — Il en est de même d'un bon système d'éducation : il développe et perfectionne à la fois les facultés *intellectuelles* et les facultés *physiques*, dont Dieu nous a pourvus en nous donnant l'existence.

Ce n'est pas un corps, ce n'est pas une âme qu'on dresse, dit Platon ; c'est un homme : il ne faut pas les dresser l'un sans l'autre ; mais les conduire également comme une couple de chevaux attelés au même timon.

Malheureusement, ce dressage simultané de l'âme et du corps est inapplicable à l'universalité des citoyens. Gagner son pain quotidien à la sueur de son front, telle est la loi imposée à l'immense majorité des individus qui composent les sociétés modernes. Partant, point ou peu de loisir de s'instruire pour les classes ouvrières. Le seul remède à ce fâcheux état de choses, c'est de limiter les heures de travail pendant le jeune âge, de manière à laisser aux enfants le repos nécessaire et le temps d'acquérir une instruction primaire suffisante. De là la loi de 1841 sur le travail des enfants dans les manufactures, et dont le Corps législatif se propose de perfectionner les dispositions. Rien de mieux.

Mais pourquoi n'a-t-on pas songé à faire profiter les jeunes élèves des lycées et des colléges du bénéfice de la loi, qui fixe à six heures la journée des enfants de douze ans dans les manufactures? — Est-il donc moins dangereux de fatiguer les organes du cerveau que les muscles des bras?

Chose étrange! le travail des ouvriers, dans les ateliers de Paris, ne dépasse pas *dix* heures par jour, celui des employés dans les ministères *six* à *sept* heures, tandis que de petits enfants sont condamnés à rester cloués près de *douze* heures sur les bancs de la classe et de l'étude! Si l'on ajoute la veillée facultative qui suit le souper pour les élèves de la division supérieure, on a une journée de *treize* heures! Et les pauvres étourdis qui ont attrapé des *pensums*, et qui sont obligés de les faire pendant les récréations, ceux-là subissent *quinze* heures de prison!

« A la vérité, dit Montaigne, il n'est rien si gentil que les petits enfants en France; mais ordinairement ils trompent l'espérance qu'on a conceue; et hommes faicts, on n'y veoid auculne excellence : j'ay ouy tenir à gents d'entendement que ces colléges, où on les envoye, les abrutissent : c'est une vraye geôle de jeunesse captive. »

Écoutons maintenant, à trois cents ans d'intervalle, S. Exc. M. le ministre de l'instruction publique juger, avec sa grande expérience et sa haute raison, ce gothique système d'éducation, transmis par l'ancienne Université, et auquel la nouvelle n'a presque rien changé.

« Nul doute que ce régime n'ait des conséquences fâcheuses pour la constitution physique des jeunes gens. Comment expliquer, par exemple, qu'un quart des élèves de l'école polytechnique et de l'école normale soient obligés de porter des lunettes, et que leur taille soit au-dessous de la

» moyenne ? Les excès de travail, l'étude prolongée, le mau-
» vais éclairage des salles et leur aération insuffisante sont
» sans doute la cause du mal qui, dans les mêmes circon-
» stances, a pris en Allemagne de grandes proportions. »

La question si importante de l'aération des salles et des
dortoirs, soigneusement étudiée depuis quelques années,
paraît sur le point d'être résolue. Des essais de ventilation
ont été pratiqués avec succès dans plusieurs établissements :
il y a donc lieu d'espérer que les élèves auront prochaine-
ment un air pur indispensable à la santé.

Mais, pour que nos lycées soient des demeures où la jeunesse trouve tout ce qui peut fortifier le corps en même temps
que développer l'intelligence, il reste à exécuter de grands
travaux de restauration et de construction, estimés, si je ne
me trompe, à 4 millions. — Au lieu de demander cette nouvelle allocation aux Chambres, ne serait-il pas plus simple
et plus équitable de l'imposer à ceux à qui elle profite, et
qui, s'ils ne sont pas millionnaires, jouissent d'une honnête
fortune?

Chaque élève revient, en moyenne, aux lycées, à. 829 fr.
Tandis qu'il ne rapporte que 739

De là, une insuffisance de. . . . . 90 fr.

représentant une somme totale de 1,530,000 francs environ.

Pour couvrir ce déficit, qui peut varier notablement suivant la cherté des vivres ou la diminution des élèves, l'Etat
accorde aux lycées une subvention annuelle de 1,803,010 fr.
Dans cette somme, ne sont pas comprises les bourses impé-
riales entretenues dans les lycées, ni les dégrèvements, qui
se montent à 784,266 fr. Eh bien! que le prix de la pension
de chaque élève soit égal à la dépense qu'exige son éduca-
ton, et il n'y aura plus de déficit, et la subvention actuelle de
l'État suffira à compléter en peu d'années l'installation des
lycées. Une fois les améliorations matérielles terminées, cette
même subvention permettra d'élever le traitement des pro-
fesseurs, et d'accorder un plus grand nombre de bourses ou

de dégrèvements de pension à des jeunes gens vraiment dignes d'intérêt.

Je sais bien que cette augmentation annuelle de 90 fr., qui ne représente pas la note d'un petit déjeuner fin de Monsieur, ni la façon d'une robe de Madame, ne serait pas du goût d'un bon nombre de parents. De tout temps on s'est montré fort coulant pour ses plaisirs et sa vanité, et l'on a voulu avoir l'éducation au rabais. Il y a plus de deux mille ans qu'un Athénien s'indignait qu'on lui demandât cinq cents drachmes pour instruire son fils. — « Cinq cents drachmes! s'écriait-il, pour moins j'achèterais un esclave! » — «Achète, repartit le professeur, et tu en auras deux! » Sans faire une réponse aussi *raide* à nos Athéniens modernes, ne pourrait-on pas répliquer qu'il n'est pas juste que le contribuable qui, lui, reçoit à peine une instruction primaire, supporte une partie des frais de l'éducation classique du fils d'un banquier ou d'un agent de change.

Quant à l'excès de travail et aux études trop prolongées, M. le ministre pense y remédier en donnant des devoirs plus courts, qui par cela même seraient mieux faits, et des leçons moins longues qu'on apprendra mieux, et qu'on réciterait surtout au quartier. Débarrassée de la dictée du devoir, qui serait *autographié*, des curiosités de syntaxe et de prosodie qui sont inutiles, de la récitation des leçons, pour laquelle le professeur ne prendrait que peu d'instants, la classe deviendrait moins longue, au grand profit des enfants, dont l'attention d'ailleurs est incapable de se soutenir pendant deux heures, puisque celle d'un homme fait se fatigue d'une leçon de faculté qui dépasse soixante minutes.

A l'étude, on ne ferait plus ces cahiers de corrigés que les élèves ne consultent jamais, ces interminables rédactions d'histoire, où ils copient des chapitres entiers de leurs livres, ces cartes de géographie qu'ils mettent des heures à remplir par le tracé minutieux de cours d'eau, de montagnes et de localités, dont ils ne sauront jamais les noms... Sur tout cela, on peut gagner beaucoup de temps.

On ne saurait trop applaudir à ces excellentes réformes, parce qu'elles allégeraient d'un poids inutile le fardeau du travail imposé à la jeunesse. Mais comment ne pas regretter la mesure suivante, qui heureusement n'est encore qu'à l'état de projet :

« Tous les élèves, dit M. Duruy, n'arrivent pas à une connaissance du grec suffisante, pour en sentir les beautés littéraires, et un temps considérable est perdu à des études qui sont fort belles, mais qui pour beaucoup restent stériles. Loin de supprimer aucun de ces exercices, auxquels j'attache un grand prix, je voudrais les fortifier, et pour cela cesser, après une expérience suffisamment répétée, de les imposer à ceux qui y sont absolument rebelles, afin de concentrer pour ceux-là toute la force d'attention et de travail sur une seule des deux grandes langues classiques, le latin.

C'est ainsi que les langues vivantes, le dessin et la musique, *obligatoires* dans les classes de grammaire, afin que l'aptitude des enfants y soit éprouvée, deviennent *facultatifs* dans les classes d'humanité, et l'on repousse des *seconds cours* ceux qui n'ont *rien voulu*, ou *rien pu* faire pour ces matières spéciales dans les *premiers!* »

La paresse, l'indolence, l'oisiveté sont vices naturels aux enfants : M. Duruy connaît cette vérité aussi bien que La Bruyère. Par conséquent, rendre *facultatifs*, après un certain temps d'épreuve, les cours du grec, des langues vivantes, du dessin et de la musique, c'est les condamner d'avance à la stérilité. Dès qu'un enfant saura que, pour être dispensé de suivre un *second cours*, il n'a qu'à montrer de *l'inaptitude* et de la *mauvaise volonté* dans le *premier*, ses vices naturels lui auront bientôt fourni mille bonnes raisons pour ne pas *vouloir* ou ne pas *pouvoir*. Mais, nous-mêmes, valons-nous mieux que les enfants sous ce rapport? — S'il était *facultatif* à un employé de venir à son bureau à neuf heures du matin ou à deux heures de l'après-midi, croyez-vous qu'il mettrait son amour-propre à s'y rendre à la première heure?

Quand il s'agit de son éducation, on ne doit jamais demander à un enfant ni ce qu'il *veut* ni ce qu'il *peut* faire : il *peut* toujours quand il *veut* : c'est la volonté qu'il faut savoir éveiller en lui. Nous dirons tout à l'heure comment.

M. le ministre, qui a fait étudier chez nos voisins leurs systèmes d'enseignement secondaire, n'admet pas que l'Allemagne nous est supérieure, mais il trouve que l'Angleterre fait mieux que nous pour certains côtés de l'éducation. L'enfant, plus libre que le nôtre, y apprend plus tôt à ses risques et périls l'usage de la liberté.

Il est très-vrai qu'à peine échappé de la *nursery*, le fils d'un gentleman jouit d'une liberté qui effraierait une mère française. Il sort, va, vient, court le pays, prend ses billets pour les chemins de fer, les bateaux à vapeur, mange, couche à l'hôtel, le tout à ses risques et périls. Mais cette liberté, il ne la tient pas de son collége : ce sont les mœurs nationales qui la lui donnent. La preuve en est que les jeunes Anglaises, qui ne sont presque jamais élevées dans un pensionnat, sont tout aussi libres que les garçons. Si parfois une femme de chambre les accompagne, c'est en qualité de *servante*, et non comme *chaperon*.

Les châtiments corporels, encore en usage aujourd'hui dans les grandes écoles anglaises, tendraient bien plutôt à dégrader qu'à ennoblir le caractère.

« Quelle manière, s'écrierait Montaigne, d'apprendre à vivre, d'éveiller l'appétit envers leur leçon à ces tendres âmes, de les y guider d'une trongne effroyable, les mains armées de fouets ! Arrivez-y sur le poinct de leur office, vous n'oyez que cris, et d'enfants suppliciez et de maîtres enyvrez en leur colère; leurs classes sont jonchées de tronçons d'osier sanglants. Inique et pernicieuse forme ! Ostez-moi la violence et la force : il n'est rien à mon advis qui abastardisse et estourdisse si fort une nature bien née. »

Cette méthode d'éducation à la Mourawieff produit-elle du moins autre chose que des raies bleues et rouges sur le dos des enfants ? J'ai connu bien des jeunes gens ayant terminé leurs études dans les célèbres colléges d'Eaton, de Harrow, de Westminster; eh! bien! je déclare que pas un n'aurait pu suivre *honorablement* une classe de *troisième* dans un de nos lycées de Paris. — Non, nous n'avons rien à emprunter aux écoles d'Angleterre, excepté une partie de leurs récréations, de leurs jeux et de leurs exercices gymnastiques.

Mais pourquoi demander aux autres peuples la solution d'un problème, qu'ils cherchent eux-mêmes, quand, pour la trouver, M. le ministre n'avait qu'à poursuivre, jusqu'au bout, l'œuvre qu'il avait si bien commencée? Je veux dire qu'après avoir éliminé des études les *dictées, les cahiers de corrigés, les rédactions d'histoire, le tracé des cartes de géographie,* M. Duruy aurait dû supprimer aussi les *thèmes* et les *versions,* que les élèves font à l'aide de la grammaire et du dictionnaire.

Pour bien se rendre compte de la fatigue, du dégoût, de la perte de temps qu'engendre inévitablement le système actuel des thèmes et des versions, il faut revenir par la pensée sur les bancs d'une classe de *grammaire,* au moment que le professeur dicte un devoir, et lorsque les élèves font ce même devoir. Je choisis exprès une classe de *grammaire,* parce que c'est dans ces classes là qu'on doit s'assurer si des étourdis et des espiègles de douze à quinze ans *peuvent* et *veulent* se montrer sensibles ou rebelles aux beautés littéraires de la langue d'Homère, de Goëthe, de Shakeaspeare, de Cervantes.

Le professeur donc dicte un devoir, une version grecque, par exemple; c'est déjà une perte de temps: ensuite, quelque soin qu'il mette à bien dicter, les élèves griffonnent, orthographient mal certains mots; ils en oublient d'autres. De là pour eux la nécessité de rétablir le texte; ce qui est chose longue et fastidieuse, et s'ils n'y parviennent pas, cela arrive souvent, à moins d'avoir un *répétiteur,* leur version devient une inscription fruste inexplicable.

Supposons que le texte soit *autographié* et correct, alors

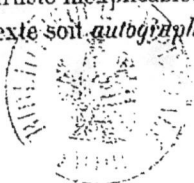

l'enfant en commence la traduction, et cherche dans son dictionnaire les termes qu'il ignore. Mais comment ce jeune esprit, dont le jugement éclot à peine, saura-t-il se reconnaître dans ce dédale d'acceptions, que le même mot reçoit au propre et au figuré? Pour n'en citer que quatre très-usités, *temps, aller, donner, faire,* le *Dictionnaire français-latin* de Quicherat attribue 13 significations différentes au premier, 17 au second, 20 au troisième, 27 au dernier, et ne leur consacre pas moins de *trente-deux* colonnes de 76 lignes chacune, c'est-à-dire la matière d'un demi-volume ordinaire.

De deux choses l'une : ou l'enfant n'aura ni la patience, ni la bonne volonté de chercher l'expression qui convient, et il n'apprendra rien, ou il perdra un temps énorme et se fatiguera les yeux et l'esprit, s'il a assez de constance pour lire attentivement les *trente-deux* colonnes imprimées en petits caractères compactes, qui souvent ne contiennent pas la locution demandée ; car c'est le propre des dictionnaires, surtout des dictionnaires de langues vivantes, de ne jamais donner le mot dont on a besoin. Cependant l'heure de la classe va sonner... l'enfant se hâte, sous peine de retenue, de finir tant bien que mal son devoir, et d'apprendre ses leçons.

Le corrigé des devoirs en classe est lui-même un grand sujet de déboire et de découragement pour les élèves des classes de *grammaire.* En effet, dans la traduction qu'il fait d'un morceau de français en grec, en latin, en allemand, etc., chaque enfant se sert d'expressions et de tournures différentes, qui toutes peuvent être parfaitement grammaticales, sans avoir la même valeur littéraire. Or, quand le professeur fait lire à Paul une phrase de son thème, et que cette phrase se trouve correcte, Pierre qui l'a également bien rendue, mais qui a employé des temps, des modes, des cas, des mots différents, Pierre s'imagine avoir commis une foule de solécismes... « Comme c'est ennuyeux ! se dit-il ! J'avais pourtant si bien consulté ma grammaire et mon dictionnaire ! » Il se décourage et déclare à ses maîtres et à ses parents qu'il n'a aucun goût, aucune aptitude pour telle ou telle langue.

II

« C'est un bel et grand adʒencement sans doulte que le grec et le latin ; mais on l'achéte trop cher, » dit Montaigne. C'est pourquoi son père s'avisa d'une façon d'en avoir meilleur marché que de coutume. Il confia son fils, avant le premier dénouement de sa langue, aux soins d'un Allemand qui ne parlait que latin au château de Montaigne.

» C'est merveille du fruict que chacun y feit. » Père, mère, valets, chambrières, se latinizèrent tant qu'il en regorgea jusqu'aux villages tout autour. Pour l'enfant, sans art, sans grammaire, sans dictionnaire, sans fouet et sans larmes, il avait appris en trois ans du latin si pur et il avait ce langage si prêt et si à main, que les plus célèbres latinistes du temps, entre autres l'illustre Buchanan, « craignoient à l'accoster. » Il se dérobait de tout autre plaisir pour lire les *Métamorphoses* d'Ovide, l'*Énéide* de Virgile, les comédies de Plaute et de Térence. Malheureusement pour le petit Michel, son père se laissa persuader de le mettre dans une école publique.

» Le bonhomme, ayant extrêmement peur de faillir en chose qu'il avait tant à cœur, se laissa enfin emporter à l'opinion commune, qui suyt toujours ceulx qui vont devant, comme les grues, et m'envoya environ mes six ans au collége de Guienne, très-florissant pour lors, et le meilleur de France : et là, il n'est possible de rien adjouster au soin qu'il eut et à me choisir des précepteurs de chambre (répétiteurs) suffisants et à toutes les aultres circonstances de ma nourriture, en laquelle il réserva plusieurs façons particulières contre l'usage des collèges : mais tant y a que c'estoit toujours collége. Mon latin s'abastardit incontinent, duquel depuis par desaccoutumance j'ay perdu tout usage et ne me servit cette mienne inaccoustumée institution que de me faire enjamber d'arrivée aux premières classes ; car à treize ans que je sortis du collége, j'avois achevé mon cours (qu'ils appellent) et, à la vérité, sans aulcun fruict que je peusse à présent mettre en compte. »

Il ressort clairement de cet exemple illustre que le moyen le plus sûr et le plus prompt d'apprendre à un enfant une langue étrangère, c'est de la lui parler et de la lui faire parler. Ce moyen impraticable sans doute dans les lycées pour les langues mortes, est d'une application toute simple, toute naturelle aux langues vivantes, qu'on étudie avant tout pour comprendre les peuples avec qui on a plus habituellement commerce, et pour en être compris.

Donc, plus de ces grammaires où tant de règles, d'exceptions, d'irrégularités de noms, d'adjectifs, de verbes, de participes, de genres, de nombres, etc., se choquent et s'entrecroisent, que la cervelle la mieux organisée s'en fatigue et s'en dégoûte.

Qu'importe qu'un enfant dise, en allemand, en anglais, en espagnol, des phrases comme celles-ci : « Je voirai des chevals, — mon camarade a prendu mon cerceau, — mon encre est bien mauvais ? — Il se fait comprendre ; c'est assez pour le moment : l'habitude, la conversation, la lecture des auteurs feront le reste.

Quant au grec,

Ce langage sonore, aux douceurs souveraines,
Le plus beau qui soit né sur des lèvres humaines,

on en commencera l'étude en même temps que celle du latin. — Le professeur fera d'abord « peloter » aux enfants leurs déclinaisons, suivant la pittoresque expression de Montaigne; ensuite il leur mettra en mains l'abrégé de l'histoire sainte en grec et en latin, leur expliquant lui-même le sens des mots et des choses qu'ils ne comprendraient pas, comme fait une maman à son petit garçon, sans le renvoyer à la grammaire et au dictionnaire ; quelquefois il leur ouvrira le chemin, quelquefois il le leur laissera ouvrir ; il interrogera tantôt l'un, tantôt l'autre, demandant à celui-ci ce que n'aura pu lui dire celui-là. Ce sera un combat de savoir entre ces jeunes esprits si amoureux des ébats, si vifs dans leurs luttes ; l'attention restera éveillée; on aura tout gagné. Même procédé pour les thèmes.

« La leçon de l'enfant se fera tantost par devis, tantost par
» livre ; tantost son maistre luy fournira de l'aucteur mesme
» propre à cette fin de son institution, tantost il luy en don-
» nera la moëlle et la substance toute maschée. Et que cette
» leçon ne soit plus aysée et naturelle que celle des gram-
» maires, qui y peult faire doulte ? — Ce sont là préceptes
» espineux et mal plaisants, et des mots vains et décharnez
» où il n'y a point de prinse, rien qui vous éveille l'esprit :
» en cette cy, l'âme treuve où mordre et où se paistre. Ce
» fruit est plus grand sans comparaison, et ainsi sera plus-
» tost meury. » (MONTAIGNE.)

A mesure que la force des élèves grandira, le maître leur donnera des auteurs de plus en plus difficiles jusqu'à Sopho-cle et Thucydide, Horace et Tacite. C'est alors que l'intérêt redoublera ! On ne luttera plus pour le sens des mots ou de la pensée, mais pour donner à l'expression, le naturel, la simplicité, la finesse, l'élégance, l'énergie, le sublime de l'original. Comme ces formes variées de la même pensée rendraient un jeune homme habile à manier sa langue ma-ternelle, qu'il faut premièrement savoir !

Ces thèmes, ces versions, ces exercices littéraires, faits de vive voix dans les classes de grec et de latin, auraient égale-ment lieu dans celles des langues vivantes, et les élèves les écriraient à l'étude pour les soumettre ensuite à leurs pro-fesseurs.

J'estime, par expérience, qu'avec dix leçons d'une heure par semaine, données aux langues mortes, et cinq aux lan-gues vivantes, comme je viens de l'indiquer, un enfant se-rait en état, au bout de quatre ans, de comprendre à livre ou-vert les auteurs grecs et latins, et de parler facilement l'an-glais, l'allemand, l'espagnol ou l'italien.

Je ne dirai rien de l'étude des sciences: il serait seulement à désirer que la plupart des problèmes fussent résolus en classe, sous les yeux du professeur, et qu'on écartât soigneusement tous ceux de la nature des deux suivants, qui se trouvent dans des ouvrages récents autorisés par S. E. M. le Ministre de l'instruction publque.

« 1° Une femme avait une certaine qantité d'œufs, *sans en casser un seul*, elle vend le tiers de cette quantité, plus les deux tiers d'un œuf; elle en donne le sixième plus trois œufs et un tiers d'œuf; elle en mange le quart, plus les cinq septièmes d'un œuf, et il lui en reste la septième partie plus 6 œufs. Combien en avait-elle? »

« 2° Étant donnés un rectangle (billard) et un point situé à l'intérieur de ce quadrilatère : si on regarde le point donné comme une bille infiniment petite et le périmètre du rectangle comme une ligne matérielle parfaitement élastique, de manière que, quand la bille va le frapper, elle se relève toujours en faisant l'angle d'incidence égal à l'angle de réflexion, trouver suivant quelle direction il faut lancer cette bille pour qu'elle revienne au point de départ, après avoir touché les quatre bandes du billard. — Quelle est la longueur du chemin parcouru par la bille? »

Lecteur, que vous semble d'un œuf dont on vend les deux tiers, dont on donne le tiers, dont on mange les cinq septièmes *sans le casser?* — Comme ça inspire des idées justes à un enfant et lui forme le jugement! — Comme il est utile et intéressant pour la science de connaître la longueur du chemin parcouru par une bille, quand elle est lancée sur un billard, suivant une certaine direction?

Tout ce qui concerne l'enseignement de l'histoire et de la philosophie a été traité par Montaigne avec un charme et un bon sens pratique tels, que le mieux à faire, c'est de renvoyer le lecteur à son chapitre de l'*Institution des enfants.* A mon gré, Montaigne est le maître ouvrier pour façonner un homme.

III

Si l'on adoptait pour nos lycées ce sytème d'éducation, dû au génie du Socrate français, on pourrait établir

— 13 —

de la manière suivante l'ordre des exercices intérieurs.

Partant de cette vérité incontestable que le sommeil est par excellence le baume réparateur des forces vitales, surtout dans le jeune âge, le lever des élèves n'aurait lieu qu'à 6 heures 30 minutes du matin.

Lundi, Mercredi, Vendredi.

De 6 h. 30 à 7 h., lever et soins de propreté.

De 7 h. à 8 h., prière, visite du médecin, déjeuner, récréation.

De 8 h. à 9 h., classe de grec-français.

De 9 h. à 10 h., classe d'histoire et de géographie.

De 10 h. à 10 h. 30, récréation.

De 10 h. 30 à midi, classe de dessin.

De midi à 2 h. 30, dîner, récréation, gymnastique.

De 2 h. 30 à 3 h. 30, classe de latin-français.

De 3 h. 30 à 4 h. 30, classe des sciences.

De 4 h. 30 à 5 h. 30, goûter et récréation.

De 5 h. 30 à 7 h., étude.

De 7 h. à 8 h. 30, souper et récréation.

A 8 h. 30, prière, coucher.

Mardi et Samedi.

De 6 h. 30 à 7 h., lever et soins de propreté.

De 7 h. à 8 h., prière, visite du médecin, déjeuner, récréation.

De 8 h. à 9 h., classe de français-grec.

De 9 h. à 10 h., classe d'anglais, d'espagnol ou d'italien.

De 10 h. à 10 h. 30, récréation.

De 10 h. 30 à midi, classe de musique.

De midi à 2 h. 30, dîner, récréation, gymnastique.

De 2 h. 30 à 3 h. 30, classe de français-latin.

De 3 h. 30 à 4 h. 30, classe d'allemand.

De 4 h. 30 à 5 h. 30, goûter, récréation.

De 5 h. 30 à 7 h., étude.

De 7 h. à 8 h. 30, souper, récréation.

A 8 h. 30, prière, coucher.

Jeudi.

Même régime que les autres jours jusqu'à 8 h. du matin.

De 8 h. à 9 h., classe d'allemand.

De 9 h. à 10 h., classe d'espagnol ou d'italien.

De 10 h. à 11 h., récréation.

De 11 h. à midi, classe d'anglais.

De midi à 5 h. 30, dîner, récréation, sortie, gymnastique, etc.

De 5 h. 30 à 7 h., étude.

De 7 h. à 8 h. 30, souper, récréation, et ensuite prière et coucher.

A l'inspection du tableau précédent, qui comprend toutes les matières d'une éducation classique et complète, on voit que les élèves n'auraient, cinq fois la semaine, que *six* heures et demie de travail par jour, tandis qu'au lycée Saint-Louis, ils en ont *onze trois quarts.* Certes, *six heures et demie* de travail par jour ne pèseraient pas d'un poids bien lourd sur la tête d'un futur bachelier! Il lui resterait assez de temps pour se reposer l'esprit et pour développer ses forces physiques par les différents exercices du corps.

Si, malgré l'exemple et la grande autorité de Montaigne, M. le ministre, doutant de l'efficacité de ce procédé d'avoir du grec et du latin à meilleur marché que de coutume, n'osait pas l'appliquer en *grand,* je lui demande instamment de vouloir bien le faire essayer en *petit!* Qu'il compose une classe élémentaire de vingt à trente enfants; qu'il les fasse instruire d'après cette méthode, et il verra, même au bout d'un an, la différence qui existera entre eux et leurs camarades d'une classe semblable, mais élevés suivant le système actuellement en usage dans les lycées.

J'ose encore adresser une prière à M. Duruy, qui se voue avec tant d'ardeur au progrès de l'instruction publique, en France : c'est d'abandonner le projet de rendre *facultatives* certaines études, surtout celles du grec et des langues vivantes!

« L'on ne peut guères charger l'enfance de la connaissance de trop de langues, » dit Labruyère, cet autre maître en l'art

de juger les hommes et les choses, « et il me semble que
l'on devrait mettre toute son application à l'en instruire;
elles sont utiles à toutes les conditions des hommes, et elles
leur ouvrent également l'entrée ou à une profonde, ou à une
facile et agréable érudition. — Mais un si grand fond ne se
peut bien faire, que lorsque tout s'imprime dans l'âme na-
turellement, et profondément; que la mémoire est neuve,
prompte, et fidèle; que l'esprit et le cœur sont encore vides
de passions, de soins et désirs, et que l'on est déterminé à
de longs travaux par ceux de qui l'on dépend. Je suis per-
suadé que le petit nombre d'habiles, ou le grand nombre de
gens superficiels vient de l'oubli de cette pratique.

L'étude des textes ne peut jamais être assez recommandée.
C'est le chemin le plus court, le plus sûr, le plus agréable
pour tout genre d'érudition : ayez les choses de la première
main, puisez à la source, maniez, remaniez le texte, appre-
nez-le de mémoire, citez-le dans les occasions, songez surtout à en pénétrer le sens dans toute son étendue et dans ses
circonstances : conciliez un auteur original, ajustez ses prin-
cipes, tirez vous-mêmes les conclusions... Achevez ainsi de
vous convaincre par cette méthode d'étudier, que c'est la
paresse des hommes qui a encouragé le pédantisme à grossir
plutôt qu'à enrichir les bibliothèques, à faire périr le texte
sous le poids des commentaires, et qu'elle a agi en cela
contre soi-même et contre ses plus chers intérêts, en multi-
pliant les lectures, les recherches et le travail qu'elle cher-
chait à éviter. »

Ainsi, les langues étant la clef des sciences et des rapports
des peuples modernes, un bon système d'enseignement secondaire doit rendre *obligatoire* et non *facultative* la connaissance du grec et du latin, de l'anglais et de l'allemand, que
parlent aujourd'hui trois grandes nations du monde ci-
vilisé.

IV

J'ai essayé de dire par quels moyens simples et naturels, il était possible de développer les facultés intellectuelles des enfants de nos lycées, sans l'ennui, la fatigue, la perte de temps, qui rendent tant de belles études stériles pour la plupart d'entre eux. Maintenant je devrais parler des exercices gymnastiques propres à fortifier le corps : je laisse ce soin à plus compétent que moi : Je me bornerai à rappeler un fait bien connu.

Le sentiment du *travail matériel* est tellement humain, qu'on rencontre chez presque tous les enfants, le goût des *arts mécaniques*, et qu'un de leurs grands bonheurs est d'avoir une belle boîte d'outils et de construction. — N'y aurait-il donc pas lieu de profiter de ce sentiment, de ce goût, et de mettre à leur disposition un tour, un établi, des matériaux, etc. Ce serait d'abord une agréable diversion à leurs études classiques; ensuite, ils acquerraient une adresse et un habileté de mains toujours utiles à quelque condition qu'on appartienne.

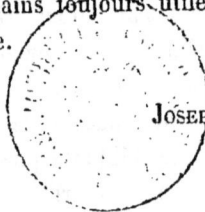

Joseph DE CALLIAS.

Paris, Imp. Balitout, Questroy et Cⁱᵉ, 7, rue Baillif.